Les 4 Invisibles
à la recherche du sabre disparu

16 énigmes à décrypter avec la loupe !

Auteur : Henriette Wich
Traductrice : Sophie Lamotte d'Argy
Illustrateur : Sylvain Frécon

Maquette de couverture : Mélissa Chalot
Maquette intérieure : Mélissa Chalot
Illustration de couverture : Sylvain Frécon
Réalisation PAO de l'intérieur : Médiamax

Title of the original German edition: *Die unsichtbaren 4 –*
Die Verfolgung des Schattenmanns
© 2012 Loewe Verlag GmbH, Bindlach
Cet ouvrage a été proposé à l'éditeur français par l'agence
Editio Dialog, Lille.

Crédit des images : fond matière bois ; paire de lunettes ; punaise ; boussole ; fond parchemin ; stylo-plume ; trombone ; crayon : © Shutterstock.

ISBN : 978-2-01-170106-0
© Hachette Livre 2014, 43 quai de Grenelle,
75905 Paris Cedex 15, pour la présente édition.

www.hachette-education.com

Sommaire

Chapitre 1 : Fauchés comme les blés — 8

Chapitre 2 : « Au voleur ! » — 18

Chapitre 3 : Volatilisé ! — 26

Chapitre 4 : Une piste qui mène à l'école — 33

Chapitre 5 : Retour à la case « départ » ! — 41

Chapitre 6 : Malfaiteur en vue — 48

Chapitre 7 : La malédiction du samouraï — 59

Chapitre 8 : Fait comme un rat ! — 68

Les 4 Invisibles

Ben

Ben a les cheveux blonds d'un Viking et ressemble beaucoup à sa maman. C'est un sportif accompli : lorsqu'il ne mène pas l'enquête, il se consacre à son autre passion, le football !

Zoé

Zoé est peut-être la petite sœur de Ben, mais elle ne lui ressemble pas du tout ! C'est une passionnée de photo qui a toujours sur elle son appareil : elle ne manque jamais une occasion de l'utiliser.

Antoine

Avec ses lunettes rondes, Antoine est l'intellectuel de la bande. Ce joueur d'échecs est aussi le cousin de Ben et Zoé. Il se dit qu'il devrait se mettre sérieusement au sport, car il a souvent du mal à suivre ses cousins...

Watson

Watson est un adorable fox-terrier, parfois espiègle, mais toujours courageux : d'ailleurs, les mollets des malfaiteurs qu'il a mordus s'en souviennent encore... Il est doté du flair infaillible d'un chien policier.

Les dernières volontés de Steven Smart

Mes bien chers petits-enfants, Ben, Antoine et Zoé,

Je vous écris la nuit, près de ma fenêtre qu'éclairent les lumières de New York.

Le temps est venu pour moi de vous livrer mon secret. Mais attention : j'ai bien dit « secret » ! Je compte donc sur vous pour ne le divulguer[1] à personne !

Alors voilà... Comme vous le savez, il y a fort longtemps, j'ai fondé à New York un club de détectives, devenu par la suite très célèbre. Nous étions quatre : mon chien Watson, mes amis français Tom et Paul – qui, hélas ! ne sont plus de ce monde – et moi-même. Et savez-vous comment nous avons toujours mené à bien toutes nos enquêtes ? Grâce à trois objets magiques que je tenais de mon propre grand-père : une pièce de monnaie ancienne en cuivre, une bague et un cadenas avec sa clé. Ces objets avaient le pouvoir de nous rendre invisibles.

---
1. divulguer : révéler.

Vous ne me croyez pas ? Faites-en donc l'expérience par vous-mêmes. Dorénavant, ces objets vous appartiennent. Il suffit que vous les touchiez en même temps pour devenir transparents. Ben, tu lanceras la pièce en l'air, puis tu la rattraperas. Zoé, tu enfileras la bague au petit doigt de ta main droite et, Antoine, tu feras tourner la clé dans la serrure du cadenas. Mais attention : à chaque fois, l'effet magique ne dure que sept minutes ! Quand vous commencerez à ressentir des picotements dans les jambes, cela voudra dire qu'il se met à se dissiper. Pour redevenir visible avant que les sept minutes ne soient écoulées, rien de plus simple : chacun de vous devra à nouveau toucher son objet en même temps que les autres.

Bonne chance, mes enfants, et longue vie à votre club de détectives !

Votre grand-père,
Steven Smart

Chapitre 1

Fauchés comme les blés

– C'est dingue, cette chaleur ! gémit Ben en traversant la rue sous un soleil de plomb.

Il se rendait au local de leur club de détectives. Quand sa sœur Zoé et lui y étaient allés la première fois, l'entrée du vieux garage était tellement envahie par les ronces qu'ils avaient failli ne pas la voir et la rater. Derrière, le jardin s'était transformé en forêt vierge. Quant à la maison en brique, son état de délabrement avancé indiquait qu'elle n'avait plus été habitée depuis des lustres.

– Bienvenue au quartier général des 4 Invisibles ! dit Zoé en ouvrant le portail grinçant du garage.

L'intérieur du local était agréablement frais, et de petites ouvertures laissaient passer un peu de lumière du jour.

– Faut d'abord que je boive un coup, s'exclama Ben en s'installant sur une chaise pliante avec sa bouteille d'eau minérale.

Zoé s'affala sur le matelas ; puis elle dégaina son appareil photo et prit quelques clichés. Ils avaient bien travaillé : après avoir jeté toutes les vieilleries qui encombraient la pièce, ils l'avaient aussi débarrassée des toiles d'araignée et avaient nettoyé les carreaux. À présent, ils s'y sentaient vraiment bien. Et le plus fort, c'est que cet endroit secret situé à la périphérie de la ville n'était connu que de trois personnes et un chien : Antoine, Ben, Zoé et Watson.

– Je me demande ce que fabrique Antoine, dit Zoé. Il est déjà trois heures dix !

Où se trouve le local secret des 4 Invisibles ?

Ben passa la main dans ses cheveux blonds et courts qu'il coiffait avec du gel.

– À tous les coups, il s'est encore lancé dans une partie d'échecs et n'a pas vu passer l'heure !

L'association de Ben et Zoé avec leur cousin Antoine était aussi incongrue[1] que la présence d'un palmier au pôle Nord. Pourtant, c'était bien avec lui, ainsi que son chien Watson, qu'ils avaient fondé un club de détectives, répondant ainsi au souhait de feu leur grand-père[2] Steven Smart, le célèbre détective new-yorkais.

– Tellement dommage que Grand-Père ne puisse pas admirer notre QG[3] ! soupira la fillette.

Son frère acquiesça tristement. Ils ne l'avaient jamais rencontré. Toutefois, il leur avait légué trois objets magiques – une pièce de monnaie, une bague et un cadenas –, grâce auxquels les enfants avaient pu mener leur toute première enquête et neutraliser deux dangereux malfaiteurs dans un château fort.

---
1. **incongrue :** contraire au bon sens.
2. **feu leur grand-père :** leur grand-père décédé.
3. **QG :** quartier général.

Ben et Zoé contemplèrent la photo de Grand-Père punaisée au mur. Quelle classe il avait ! Un jour, ils lui ressembleraient. Steven Smart serait fier de ses petits-enfants !

Tout à coup, ils entendirent grincer le portail.

– Devinez un peu d'où je viens, s'écria Antoine en détachant Watson de sa laisse.

De joie, le fox-terrier bondit sur Ben et Zoé et faillit les faire tomber.

Cette dernière lui caressa la tête.

– Salut, Watson ! Toi au moins, la chaleur n'a pas l'air de te déranger. Dis-moi, comment se fait-il que ton maître soit si en retard ?

– Désolé, mais j'ai vu un truc incroyable ! déclara Antoine, clignant des yeux d'excitation derrière ses lunettes rondes. Dans la vieille ville, il y avait des samouraïs qui se battaient en duel avec de longs sabres. Ils étaient en train de tourner un film sur des célèbres guerriers japonais. Au fait, savez-vous ce que signifie le mot *samouraï* ?

– Ah non, pitié ! Tu ne vas pas encore nous déballer ta science, Monsieur le Professeur ! On n'a pas le temps, là ! l'interrompit Zoé qui n'avait aucune envie d'écouter un de ces cours magistraux qu'Antoine leur infligeait régulièrement.

Évidemment, elle aussi avait entendu parler de ce tournage dans leur ville ; mais les lieux et dates exacts avaient été gardés secrets pour éviter l'affluence de milliers de badauds[1].

Ben se mordillait la lèvre inférieure.

– T'aurais pu nous envoyer un texto, quand même !

– Euh… je… j'avoue que ça ne m'a pas traversé l'esprit, bredouilla Antoine.

---

1. **badauds :** curieux.

– Sympa ! protesta Zoé. Tâche d'y penser, la prochaine fois ; d'accord ? Bon, je propose qu'on commence la réunion. L'un de vous a-t-il remarqué quelque chose de suspect ?

Les garçons firent « non » de la tête.

– Moi non plus, ajouta-t-elle. Avec cette chaleur, je suppose que même les malfaiteurs préfèrent rester chez eux.

Antoine se laissa tomber sur le matelas, à côté de son cousin.

– En attendant notre prochaine enquête, on pourrait apprendre à Watson à ne pas gémir quand nous devenons transparents.

Watson dressa immédiatement l'oreille. Sans doute parce que devenir invisible, il détestait déjà ça à l'époque où Grand-Père était son maître. Sinon, c'était un chien policier exceptionnel.

– Bonne idée, approuva Zoé. Pas d'autre suggestion ?

Ben feuilleta le journal de détective que leur avait légué leur aïeul[1].

– Si !

Juste en dessous du paragraphe consacré aux conseils pratiques, il venait de lire l'intitulé « Kit à empreintes digitales ».

– Voilà le genre de truc qu'il nous faut absolument ! s'exclama-t-il.

Les 4 Invisibles devaient, en effet, se procurer davantage de matériel pour leurs enquêtes. Pour l'instant, ils n'avaient que leurs cartes de membre, quelques lampes de poche et une table de César pour décrypter les messages codés.

Antoine rehaussa ses lunettes sur son nez.

---

1. **aïeul :** grand-père ou grand-mère.

– Oui, et nous ne devrons pas lésiner[1] sur le prix. Il nous faudra, par exemple, un pinceau en poil de martre[2].

– Et avec quels sous on va payer tout ça ? gémit Ben. J'ai déjà dépensé presque tout mon argent de poche.

Hélas ! Zoé et Antoine n'avaient pas non plus des lingots d'or cachés dans la cave.

– Si ça se trouve, ils cherchent encore des figurants pour le film de samouraïs ! s'exclama ce dernier.

– Laisse tomber, répondit Ben. Ils ne veulent pas d'enfants. C'était marqué dans l'annonce du journal.

Zoé s'éventa.

– Et si on allait se baigner au lac ? Ça nous rafraîchirait les idées ! Des détectives doivent toujours garder la tête froide.

Sa proposition fut acceptée à l'unanimité, et tous les trois déclarèrent la séance levée.

---

1. **lésiner :** hésiter à trop dépenser.
2. **martre :** petit mammifère au pelage brun.

Chapitre 2

« Au voleur ! »

Au retour de la baignade, alors que Ben et Zoé étaient en train d'attacher leur vélo avec l'antivol, ils rencontrèrent leur voisin, M. Picard. Il faisait une tête sinistre, comme s'il avait plu depuis toute une semaine. Pourtant, on était en plein été !

– Bonjour, monsieur Picard, dit la fillette. Quelque chose ne va pas ?

– Non, non, répondit-il d'un air las. C'est simplement qu'au magasin, j'ai du boulot par-dessus la tête. Il faudrait faire du rangement dans la réserve. Mais c'est un travail de titan. Tout seul, je n'y arriverai jamais.

– On peut vous donner un coup de main, proposa Ben du tac au tac. Notre cousin Antoine serait partant, lui aussi. Seulement… euh… nous ne pouvons malheureusement pas vous aider gratuitement. Vous comprenez : il nous faut d'urgence de l'argent de poche.

M. Picard esquissa un sourire.

– Mais, évidemment, je vous paierai, voyons ! Vous êtes mes sauveurs ! Demain après-midi, seriez-vous disponibles ?

À vrai dire, Ben avait prévu d'aller jouer au foot, mais il y renonça. Le club de détectives était prioritaire.

– Bien sûr, répondirent en chœur le frère et la sœur.

Le lendemain, à quinze heures pile, Antoine, Ben et Zoé se présentèrent chez M. Picard. Sa boutique était remplie de trésors glanés chez des brocanteurs : des livres anciens, des meubles, des peintures et beaucoup d'objets en verre.

Antoine siffla, épaté.

– Watson ne me pardonnera jamais de l'avoir laissé à la maison !

– Oh, là là ! Tu as bien fait : il aurait mis encore plus de bazar ! dit Ben en rigolant.

Quelle pièce les enfants devront-ils ranger ?

– Vous tombez à pic ! lança M. Picard en désignant les cartons empilés au fond de la réserve. Il faut tous les vider.

Les enfants se mirent au travail. Très rapidement, leurs mains furent pleines de poussière et leur front tout ruisselant de sueur. En silence, ils s'activèrent ainsi pendant deux bonnes heures. Lentement mais sûrement, la pile diminuait.

– Bon, ça ira pour aujourd'hui ; merci, les enfants ! finit par dire M. Picard en s'emparant du dernier carton.

Tandis qu'ils se lavaient les mains au lavabo, il ajouta :

– Mais, avant que vous ne partiez, je voudrais vous montrer quelque chose qui va vous plaire !

Il farfouilla un bon moment dans le magasin, puis revint avec un sabre légèrement courbé.

Antoine en eut le souffle coupé.

– Incroyable ! Un *katana* !

– Tu t'y connais, dis donc ! le félicita M. Picard. Oui, c'est un vrai *katana*, le sabre traditionnel du *samouraï*, poursuivit-il en caressant fièrement la lame étincelante.

Les trois cousins n'en revenaient pas.

– Je peux le prendre ? demanda Ben.
M. Picard acquiesça.

– Mais fais extrêmement attention ! Je vais te montrer comment le tenir.

La poignée en bois sombre ornée d'un motif en zigzag était fraîche et rugueuse au toucher. Et ce *katana* pesait son poids ! Mais Ben l'avait bien en main et se sentait soudain très puissant.

Antoine et Zoé purent le manier à leur tour. M. Picard leur expliqua qu'en japonais, *samouraï* signifiait « serviteur ».

– Les samouraïs se battaient pour leur empereur. Ils étaient très respectés au Japon, mais leur parcours était ardu. Dès l'âge de trois ans, ils devaient apprendre à réprimer la douleur et à contrôler leur corps.

M. Picard retourna au magasin et déposa le sabre dans la vitrine. Dans son écrin de velours rouge sombre, il était encore plus magnifique. Zoé s'empressa de le photographier.

Puis M. Picard revint à la réserve et se mit à farfouiller dans un tiroir de son secrétaire.

– Attendez, que je retrouve mon porte-monnaie… Ah, le voilà. Tenez ! Bon, maintenant rentrez vite chez vous, les enfants : il va y avoir de l'orage.

À peine les cousins avaient-ils empoché leur argent que la porte du magasin s'ouvrit brutalement. Ils entendirent un bruit de bottes, un cliquetis. Puis la porte claqua. M. Picard était comme paralysé.

– Vite, allons voir ! s'écria Ben.

Les enfants se précipitèrent dans le magasin. Personne.

Antoine remarqua immédiatement qu'il manquait quelque chose.

– Le sabre a disparu !

M. Picard arriva enfin et hurla :

– Au voleur !

Chapitre 3

Volatilisé !

– Venez ; on va le choper ! dit Ben.

Tous les trois s'élancèrent dans la rue. Il s'était mis à pleuvoir violemment, et les passants se bousculaient sur le trottoir.

Zoé balaya la rue du regard.

– Vous voyez un suspect ?

– Je crois, oui… là-bas ! dit Antoine en pointant du doigt le carrefour.

Ben et sa sœur eurent tout juste le temps d'apercevoir une silhouette vêtue de noir avant qu'elle ne disparaisse au coin de la rue. Les enfants foncèrent à sa poursuite.

– Vous ne pouvez pas faire attention ? s'indigna une femme sous un parapluie.

Un paquet d'eau de pluie se déversa sur la coiffure d'Iroquois de Ben.

– Vous m'avez bousculée, je vous signale !

Le garçon secoua la tête en riant, éclaboussant tout sur son passage.

– Excusez-nous, mais il y a urgence…

Ils reprirent leur course, ignorant les protestations des passants. Une fois arrivés au carrefour, ils prirent à droite et débouchèrent dans une petite rue latérale beaucoup plus calme.

Surexcités, ils regardèrent autour d'eux. Deux vieilles dames et un type en veston blanc étaient assis à la terrasse d'un café. Juste à côté, une jeune fille se tenait sous l'auvent d'un magasin de primeurs[1]. Aucune de ces personnes n'était habillée en noir, ni ne portait un sabre de samouraï. Par sécurité, ils parcoururent la rue entière, poussant toutes les portes d'immeuble et entrant dans tous les magasins. Rien.

Zoé ébouriffa sa tignasse noire et mouillée.

– Mais, enfin, il doit bien être quelque part !

– Va savoir ; peut-être qu'il a la faculté de devenir invisible, comme nous ? hasarda la fillette.

---

1. **primeurs :** fruits et légumes.

De quelle couleur seraient les vêtements du suspect ?

Antoine était hors d'haleine. Il enrageait de ne pas être en aussi bonne condition physique que son cousin.

– La probabilité pour que notre voleur dispose d'un tel pouvoir est proche de zéro.

– Attention ! le professeur a parlé, ironisa Ben.

Il devait pourtant bien donner raison à Antoine. Le voleur les avait semés et s'était vraisemblablement réfugié dans l'une de ces maisons.

Dépités et trempés, ils retournèrent au magasin.

– Vous l'avez retrouvé ? demanda M. Picard.

– Non, il était trop rapide, répondit Zoé. On l'a juste aperçu avant qu'il ne disparaisse au coin de la rue.

M. Picard les submergea de questions :

– Il était grand ? petit ? À quoi ressemblait-il ? Comment était-il habillé ?

Antoine soupira.

– Tout ce qu'on sait, c'est que ses vêtements étaient noirs. À part ça, on ne peut pas vous le décrire.

À vrai dire, ils n'étaient même plus certains que cette ombre fugace était bel et bien celle de leur voleur. Dommage qu'ils n'aient pas emmené Watson avec eux. Lui l'aurait attrapé à coup sûr !

M. Picard se laissa tomber dans un vieux fauteuil.

– Espérons que la police pourra faire quelque chose. Ah, j'aurais dû l'assurer, ce sabre ! À présent, il a disparu pour toujours…

– Attendez : on n'a pas dit notre dernier mot ! déclara Ben en adressant un clin d'œil complice à ses compagnons d'aventures. Les 4 Invisibles étaient enfin sur une nouvelle affaire !

Antoine sortit un bloc-notes de sa poche.

– Si ça se trouve, ce voleur, vous le connaissez. Voyons ; qui cela pourrait-il bien être ?… Avez-vous vu récemment des gens suspects dans votre magasin ?

M. Picard se gratta le menton.

– Hmm… Attendez. Oui ! Il y a quelques jours, deux frères sont venus à la boutique. Ils avaient à peu près votre âge et voulaient tout savoir sur ce sabre de samouraï, soi-disant parce que leurs parents avaient l'intention de le leur offrir. Et puis, tout à coup, ils semblaient très pressés et sont repartis.

– Pouvez-vous nous les décrire ? demanda Zoé, tout excitée.

– Bien sûr, répondit M. Picard. L'un d'eux était blond et avait les oreilles décollées. L'autre était

brun et avait un grain de beauté au-dessus de la lèvre.

Après avoir noté tous ces précieux renseignements, Antoine rangea son carnet dans sa poche et fit un signe à ses cousins.

– Bon, il faut qu'on y aille. Je suis sûr que ce sabre va finir par réapparaître. Allez, au revoir, monsieur Picard.

Ce dernier ne répondit pas et se contenta de fixer d'un air sombre la flaque d'eau qu'Antoine, Ben et Zoé avaient laissée derrière eux.

Chapitre 4

Une piste qui mène à l'école

Le lendemain matin, alors qu'ils étaient tous les trois en cours, la sonnette retentit.

– La récré, enfin ! s'exclama Ben en dribblant avec son ballon de foot jusqu'au banc d'Antoine. Le soleil est revenu ! On va faire une partie ?

Son cousin secoua la tête.

– Non, mieux vaut commencer notre enquête dès maintenant.

– T'as raison, admit Ben.

La veille, lors de leur réunion, ils avaient décidé de passer en revue tous les élèves de l'école qui avaient leur âge. Savait-on jamais ? Les deux suspects se trouvaient peut-être parmi eux.

Dans la cour, Ben et Antoine croisèrent Zoé. Très agitée, elle tripotait son appareil photo.

– J'ai déjà photographié plein d'élèves. Mais, jusqu'à maintenant, je n'en ai vu aucun avec des

33

oreilles décollées ou un grain de beauté au-dessus de la lèvre.

Antoine réajusta ses lunettes.

– Nous devons procéder avec méthode. Le mieux, c'est qu'on se partage les tâches. Zoé et moi, on s'occupe de la partie avant de la cour, et Ben, de la partie arrière.

– Entendu, répondit celui-ci qui se mit immédiatement au boulot.

Devant le gymnase, quelques filles discutaient en gloussant. Il allait passer son chemin, lorsque,

soudain, une idée un peu folle lui traversa l'esprit. L'air souple et dégagé, Ben s'approcha d'elles.

– Salut ! Vous êtes au courant ? Il y a deux garçons de votre classe qui ont apporté une araignée en cours.

– Hein ? Quoi ? Qui ça ? s'écrièrent les demoiselles, hystériques.

Ben sourit.

– Ben oui, vous savez : c'est ce blond, là, aux oreilles décollées… L'autre a des cheveux bruns et bouclés avec un grain de beauté au-dessus de la bouche.

– Nico et Oscar ! s'exclama l'une d'elle qui arborait[1] des nattes. Je les déteste !

Puis elle voulut rejoindre ses copines, mais Ben la retint par le bras.

– Et ils sont où, Nico et Oscar ?

D'un doigt tremblant, la fille aux nattes désigna la pelouse à côté du gymnase.

– Là-bas !

Ben la relâcha.

– Merci. Vous pouvez déguerpir, maintenant.

---

1. **arborait :** portait.

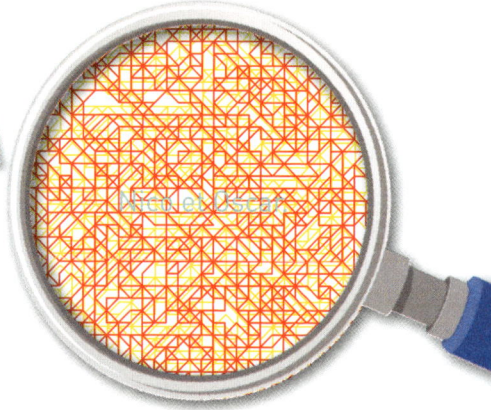

Comment se prénomment les deux suspects ?

Les trouillardes ne se le firent pas dire deux fois. Ben envoya immédiatement un texto à Zoé et à Antoine, qui rappliquèrent dix secondes plus tard. Ils s'approchèrent tous les trois des deux suspects. Ces derniers correspondaient en tout point à la description de M. Picard. Mais que fabriquaient-ils sur cette pelouse ? Nico et Oscar se tenaient l'un en face de l'autre et poussaient des cris de triomphe en levant les bras en l'air.

Nico le blond rigolait.

– On parie que je suis meilleur que toi ? Dès qu'on sera à la maison, je te le prouverai avec notre nouveau sabre de samouraï !

Zoé prit quelques clichés des garçons sans que ceux-ci s'en rendent compte.

– C'est ce qu'on verra, rétorqua Oscar, essoufflé.

Tout à coup, Antoine se mit à applaudir et s'écria :

– Bravo, les gars ! Super combat ! Dites donc, c'est vrai que vous avez un sabre de samouraï chez vous ?

Les intéressés se retournèrent vers lui.

– Un peu que c'est vrai ! répondit Oscar en bombant le torse. Même que ce sont nos parents qui nous l'ont offert !

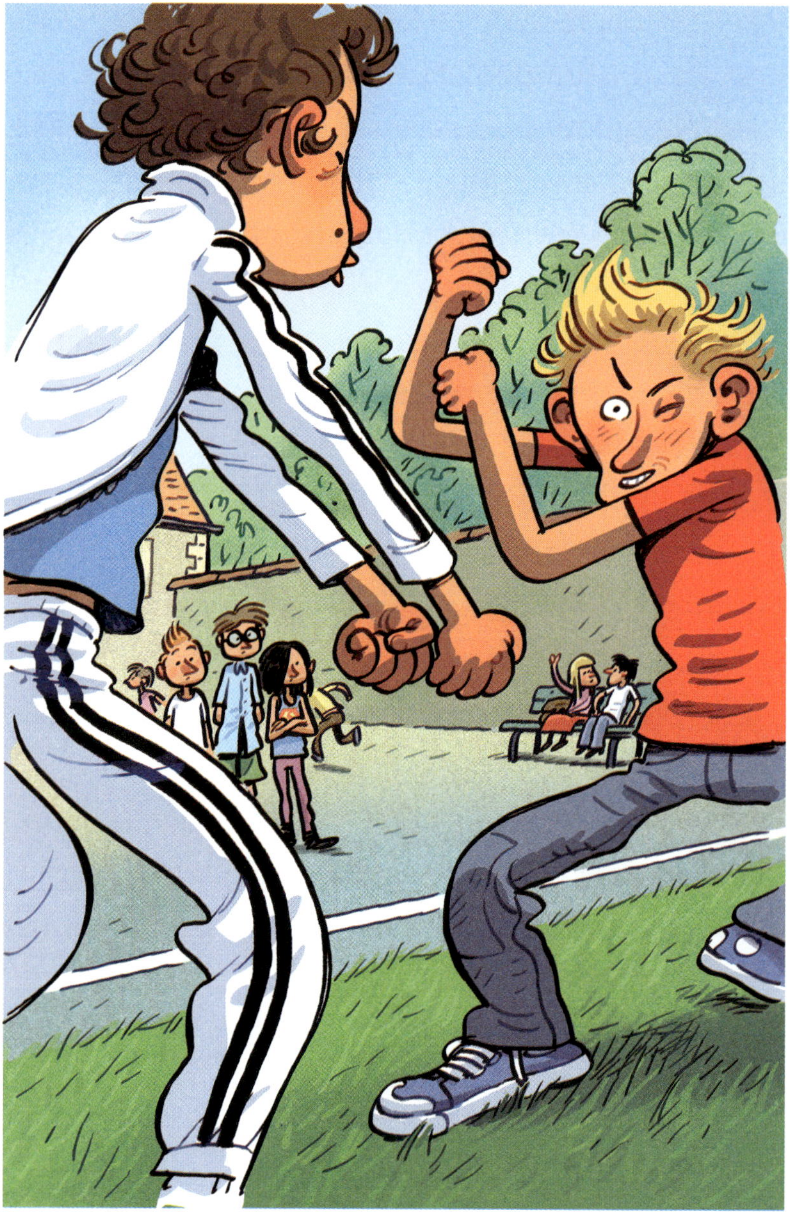

Antoine siffla entre ses dents.

– Cool ! Mon grand-père en avait un, lui aussi. Un sabre comme ça, il faut bien en prendre soin, sinon la lame risque de s'abîmer.

– Ah bon ? s'étonna Oscar. Et ça s'entretient comment ?

Antoine leur rapporta alors ce qu'il avait lu dans un livre sur les samouraïs.

– Eh bien, tout d'abord, tu dois utiliser du papier de riz et de la poudre de pierre calcaire. Ensuite, il faut, bien sûr, savoir comment nettoyer et polir le sabre.

– Ah oui… évidemment…, dit Nico, déstabilisé.

Il se gratta l'oreille droite. Antoine enchaîna :

– Si vous avez besoin d'aide, je peux passer vous voir, à l'occasion.

Les deux frères acquiescèrent avec enthousiasme.

– Cet après-midi, t'aurais le temps ? demanda Oscar.

Antoine réfléchit un court instant.

– Oui, ça devrait être possible.

Question

Comment Ben s'y prend-il pour obtenir les noms des deux suspects ?

Chapitre 5

Retour à la case « départ » !

– Et si on t'accompagnait quand même ?

Zoé gara son vélo près du supermarché, juste en face de l'immeuble qu'habitaient Nico et Oscar.

– Ben oui, renchérit Ben en attachant les deux bicyclettes avec l'antivol. On n'a qu'à y aller en mode « invisible » !

À ces mots, Watson se mit à gémir, la queue basse. Antoine lui caressa la tête.

– T'inquiète !

Puis, se tournant vers ses cousins :

– Non, ce serait trop dangereux. Ma visite durera sans doute plus de sept minutes.

– Oui, probablement, reconnut Ben qui avait pourtant du mal à admettre qu'Antoine et Watson se rendent sans eux chez Nico et Oscar.

Zoé non plus n'était pas spécialement ravie que son frère et elle n'aient plus qu'à se tourner les pouces.

– Mais si ça chauffe, tu nous siffles ; promis ?

– Promis, répondit Antoine en se dirigeant vers l'entrée de l'immeuble avec Watson.

Lorsqu'il se retourna une dernière fois, Ben et Zoé avaient disparu de sa vue. En réalité, ils ne s'étaient pas volatilisés, mais s'étaient tout simplement cachés derrière une grosse benne à ordures.

– Je m'en remets entièrement à ton flair ! dit Antoine à Watson.

– Warf, warf ! acquiesça ce dernier.

L'ascenseur les emmena en quelques secondes au septième étage. Nico et Oscar attendaient déjà sur le pas de leur porte. Le fox-terrier bondit vers eux et jappa d'un air furieux.

– Arrête ça tout de suite ! ordonna son jeune maître d'un ton faussement sévère.

– Euh… est-ce que le chien peut rester dehors ? demanda Nico, effrayé.

Antoine secoua la tête.

– Désolé, mais Watson prend peur quand il reste seul.

Les deux frères crurent sur parole ce pieux mensonges[1] et voulurent lui montrer leur chambre.

---

1. **pieux mensonge :** ici, petit mensonge.

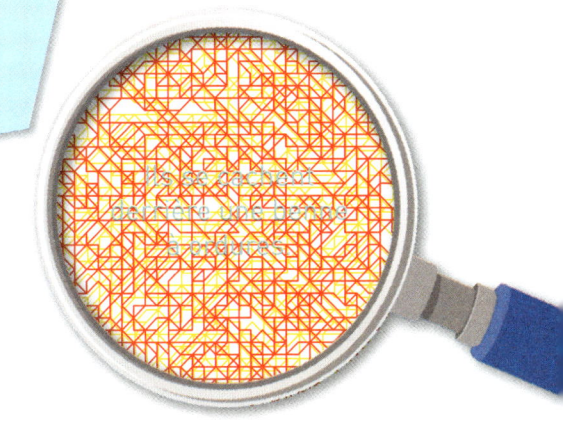

Où se cachent Ben et Zoé ?

Watson aboyait toujours. Il ne s'immobilisa que lorsque Antoine lui commanda « Couché ! », mais continuait à grogner dans sa barbe.

Le garçon hésita à franchir le seuil de la chambre. On aurait cru qu'une bombe venait d'y exploser. Vêtements, chaussures et jouets étaient éparpillés un peu partout sur le sol et les chaises.

– Tu veux sûrement voir le sabre, articula Nico d'une voix tremblante. Incroyable, comme ce crâneur de cour de récré était à présent terrorisé par un minuscule fox-terrier ! Le moins qu'on puisse dire, c'est qu'il était loin d'avoir la bravoure d'un guerrier samouraï...

– T'as tout deviné, dit Antoine.

Il palpa discrètement la poche de sa veste et sentit les photos sous ses doigts. Zoé avait décidément bien fait de prendre des clichés du *katana* juste avant qu'il ne soit volé. Antoine se réjouissait à l'avance de pouvoir confondre[1] les coupables avec ces preuves.

Nico ouvrit un placard. Sa tête disparut un moment dans les vêtements, puis il resurgit, un sabre à la main. Celui-ci était long et recourbé ;

---

1. **confondre** : démasquer.

à l'extrémité de la lame étincelante, la poignée était ornée d'un motif en zigzag.

– Alors, qu'est-ce que t'en dis ? demanda Oscar, surexcité. Pas mal, hein ?

Antoine hocha la tête.

– Ouais, super ! répondit-il, ne sachant plus soudain s'il devait rire ou se mettre en colère.

À la vue de ce sabre, tous les samouraïs morts et enterrés depuis des siècles devaient se retourner dans leur tombe ! L'objet qu'Oscar brandissait sous ses yeux n'était pas le *katana* de M. Picard, mais une copie bon marché tout droit sortie d'un magasin de jouets.

– Bon, tu veux bien nous montrer comment prendre soin de la lame ? dit Nico en lui tendant le sabre.

Antoine se racla la gorge.

– Inutile de la nettoyer : elle est en acier. C'est inusable.

Les deux frères semblèrent décontenancés. Puis, avant même qu'ils puissent poser d'autres questions, Antoine lança à Watson :

– Allez, viens, mon chien. On s'en va.

Le fox-terrier grogna encore une dernière fois à l'intention de Nico et Oscar, puis il courut vers la porte et sortit.

Question

Pourquoi Nico est-il loin d'avoir la bravoure d'un guerrier samouraï ?

Parce qu'il est tempérisé par Watson.

Chapitre 6

Malfaiteur en vue

Ben soupira :
– Mince alors ! J'étais pourtant sûr que c'étaient Nico et Oscar qui avaient volé le sabre !
– Moi pareil, dit Zoé.
Déçus, les 4 Invisibles pédalaient en direction de leur maison. Après avoir été à deux doigts d'élucider l'affaire, voilà qu'ils étaient revenus à la case « départ »…
– Bon, on fait quoi maintenant ? interrogea Ben, tandis qu'ils s'accordaient une pause sur la place du Marché.
– Aucune idée, répondit Antoine. Nos devoirs, je suppose…
Ses cousins levèrent les yeux au ciel. Décidément, il n'y avait qu'Antoine pour suggérer un truc pareil. On était vendredi – ce qui signifiait qu'ils avaient encore tout le week-end devant eux.

– J'ai mieux à proposer, dit Ben en désignant la poche de son jean dans laquelle se trouvait un porte-monnaie. Et si on achetait un kit à empreintes digitales ?
– Super idée ! s'écria Zoé.
Watson aboya, enthousiaste lui aussi. Du coup, Antoine se retrouvait minoritaire.

Ils se rendirent dans un grand magasin et y trouvèrent le kit en question avec tous les accessoires : un encreur, de la poudre de suie, du film adhésif, une pincette[1], une loupe, des cartes d'identification, ainsi qu'un pinceau en poil de martre. Il contenait même des gants en caoutchouc, pour ne pas effacer les empreintes.

Le premier réflexe de Zoé fut, bien sûr, de prendre une photo de la boîte en métal argenté.

– Dommage qu'on n'en ait pas l'usage maintenant. J'aimerais tellement l'utiliser tout de suite !

Tout à coup, elle porta la main à son front.

– Ah, mais je sais ce qu'on a complètement oublié de faire !

---

1. **pincette :** petite pince.

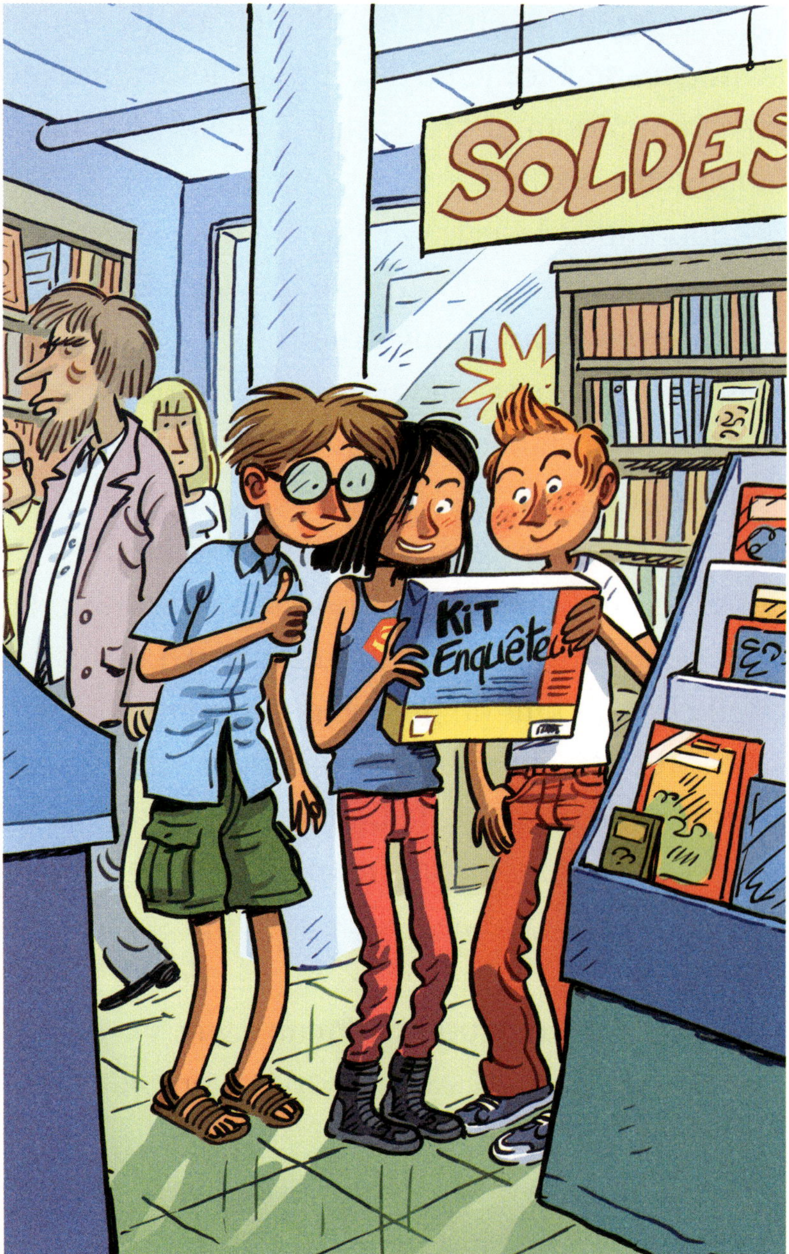
SOLDES
KiT
Enquête

Les garçons la regardèrent, perplexes.

– On n'a même pas pensé à relever les empreintes dans le magasin de M. Picard, poursuivit Zoé.

– C'est vrai, admit Antoine à voix basse, terriblement vexé de ne pas y avoir songé lui-même.

Ben se précipita vers son vélo.

– Allez, plus une minute à perdre !

M. Picard était au magasin. Debout au milieu d'une montagne de flocons de polystyrène, il déballait un vase de Chine et semblait très fatigué.

– La police a déjà cherché des empreintes dans toute la boutique, mais elle n'a rien trouvé. J'ai bien peur qu'il ne s'agisse d'une affaire classée…

Zoé hocha vigoureusement la tête.

– Je suis sûre et certaine que le sabre va réapparaître. Dites, ça vous embête si on cherche des empreintes, nous aussi ?

– Non, non. Si ça vous amuse de jouer aux détectives…, répondit M. Picard avec ce sourire qu'ont les adultes quand ils ne prennent pas vraiment les enfants au sérieux.

Vexé, Antoine n'en eut que plus envie de relever le défi. M. Picard n'avait pas fini d'être étonné !

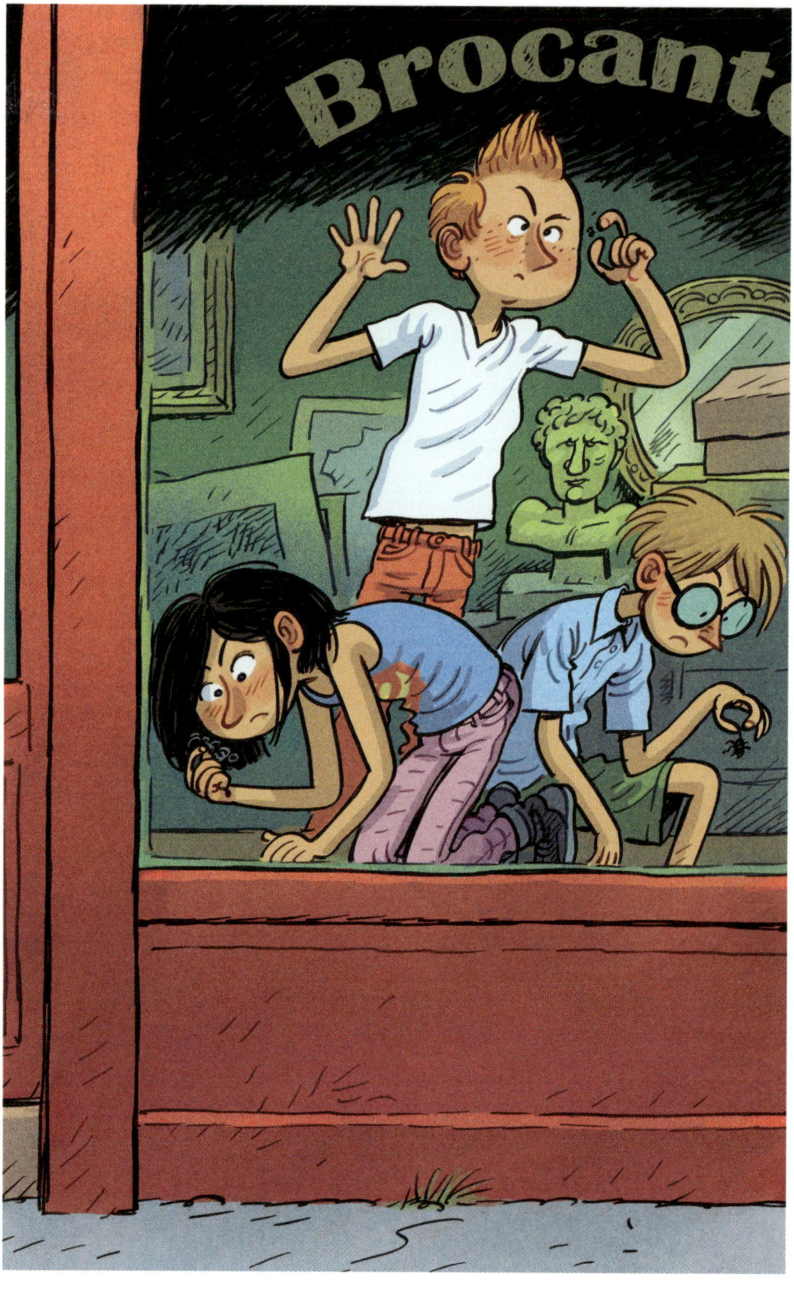
Brocant

Les 4 Invisibles se mirent au boulot. Ils examinèrent à la loupe chaque centimètre carré de la vitrine, mais ne dénichèrent que trois moutons de poussière[1], un scarabée et un vieux chewing-gum tout desséché. Le scarabée, qui avait certainement été témoin du méfait, aurait pu leur décrire le voleur dans les moindres détails. Quel dommage qu'il ne puisse pas parler ! Mais Ben n'avait pas l'intention de baisser les bras. Il se pencha en avant et scruta la fente étroite qui séparait la vitrine du mur.

---

1. **moutons de poussière :** flocons de poussière.

Pourquoi les enfants examinent-ils la vitrine ?

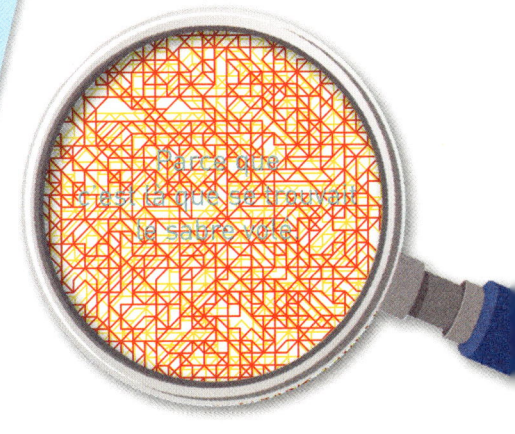

Soudain, il s'écria :
— Là, je vois quelque chose !
Watson aboya, surexcité.
— Où ça, où ça ? demanda Zoé.
Puis elle vit, elle aussi. Dans la fente était coincé un petit bout de papier. Elle s'apprêtait à s'en saisir, mais Antoine l'en empêcha.
— Pas touche ! s'exclama-t-il. D'abord, il faut enfiler les gants et prendre une pincette !
— Oui, bon, ça va, calme-toi…
Zoé commençait à en avoir ras le bol qu'Antoine sache toujours tout mieux que tout le monde. Et le pire, c'est qu'il avait, hélas ! toujours raison.
Peu de temps après, leur indice était sécurisé. Il s'agissait d'une feuille de papier déchirée de format A4.
Ben lut l'inscription à voix haute :
— « Plan de tournage, juillet *La Malédiction du samouraï*. »
Il siffla entre ses dents.
— Voilà qui est très intéressant !
De sa main gantée de caoutchouc, Zoé désigna le bout de papier.

Juillet
Plan de tournage
LA MALÉDICTION DU SAMOURAI
Lieu de tournage:
Vieux pont.
Horaire prévu: 18h
Kaï

– Ils tournent ce soir à dix-huit heures sur le vieux pont, près du fleuve. Regardez, quelqu'un a écrit son nom au stylo à bille : *Kaï*.

Le nom de famille avait été déchiré, mais Antoine en déduisit que le malfaiteur devait forcément travailler sur le film de samouraïs ; comme acteur, comme cameraman ou encore comme chef opérateur[1].

Ben acquiesça.

– Je parie que, sur ce bout de papier, il y a des empreintes digitales.

– On va vérifier ça tout de suite, dit Antoine en sortant de la boîte argentée le rouleau de papier adhésif.

Un peu avant dix-huit heures, tout était plié : les 4 Invisibles avaient relevé leurs premières empreintes digitales et les avaient ensuite soigneusement retranscrites sur une carte d'identification.

– Venez : direction les lieux du tournage, dit Zoé. Ce Kaï ne nous échappera pas !

---

1. **chef opérateur :** lors du tournage d'un film, personne chargée de la prise de vue.

– Hé ! où est-ce que vous allez ? demanda M. Picard qui, pendant tout ce temps, avait continué à déballer ses cartons, mais qui semblait avoir soudain retrouvé l'usage de ses oreilles. Pas question : vous ne bougez pas d'ici. C'est beaucoup trop dangereux ! J'appelle la police.

Il se rendit dans la réserve pour téléphoner. À peine avait-il franchi le seuil qu'Antoine, Ben, Zoé et Watson se précipitèrent hors de la boutique.

Question

Pourquoi faut-il mettre des gants en caoutchouc quand on relève des empreintes ?

Pour ne pas effacer les traces du suspect on les recouvrent de ses propres empreintes.

Chapitre 7

La malédiction du samouraï

En temps normal, le vieux pont était très peu fréquenté. Pour traverser le fleuve, les passants lui en préféraient un autre, situé cent mètres plus loin et qui menait beaucoup plus rapidement au centre-ville. Mais, ce jour-là, le vieux pont était envahi par une foule de gens qui s'agitaient dans tous les sens. Les uns installaient des caméras, les autres déroulaient des câbles, d'autres encore étaient occupés à positionner des projecteurs.

Antoine s'agenouilla devant le ruban de balisage rouge et blanc destiné à empêcher les badauds d'approcher et brandit le plan de tournage sous le nez de Watson.

– Renifle-le encore une fois et, ensuite, montre-nous le voleur !

Le chien flaira un moment le bout de papier, puis se dirigea tranquillement vers un buisson et leva la patte.

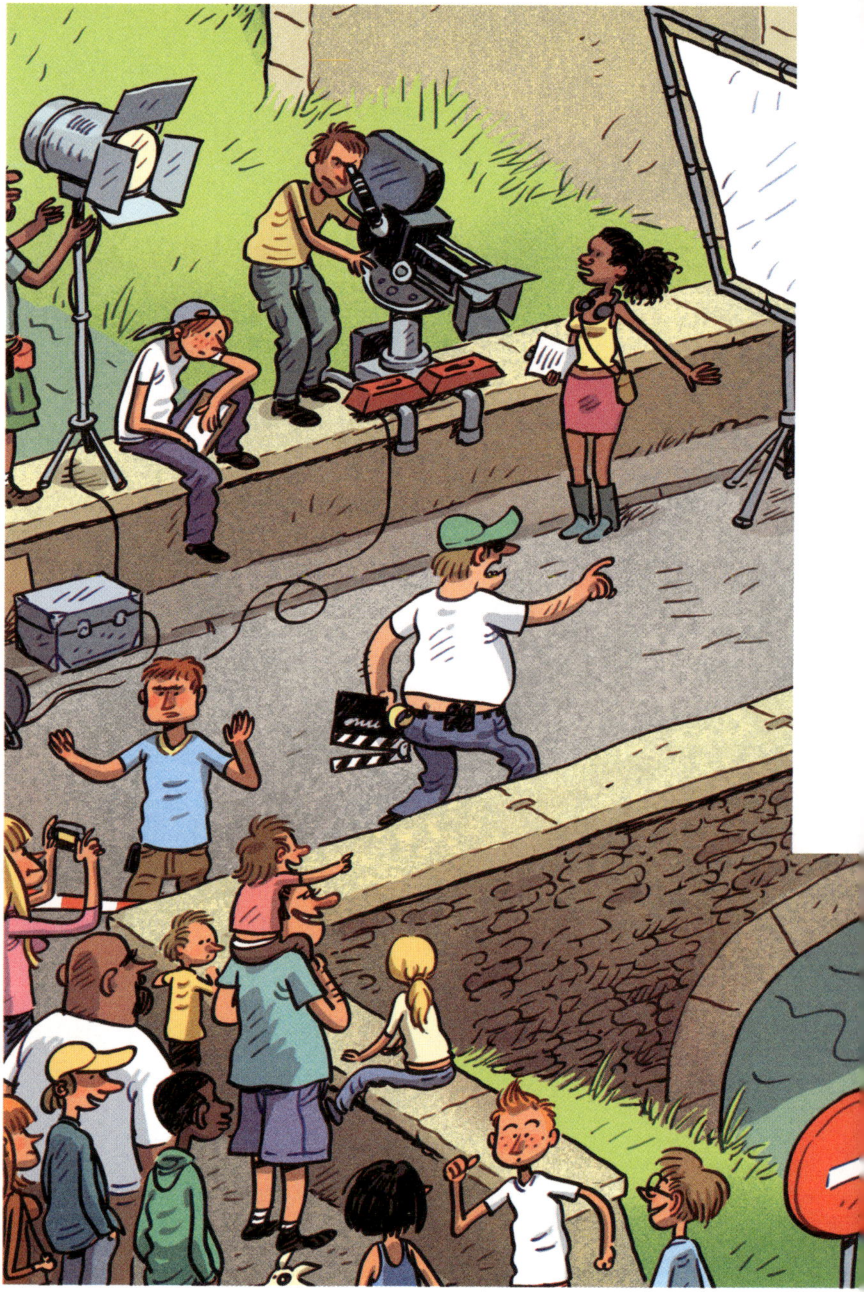

– Qu'est-ce qu'il fiche ? s'étonna Ben.

Antoine s'en était déjà douté.

– L'odeur s'est éventée[1]. Il va falloir qu'on se débrouille sans lui.

– Super ! gémit Zoé. Et comment on va faire, nous, maintenant, pour identifier le voleur ? On n'a même pas le droit de franchir le ruban de balisage ni de prendre des photos !

Tandis qu'ils se regardaient d'un air perplexe, un technicien qui portait un dérouleur de câble passa devant eux. Ben lui fit un signe de la main.

– Bonjour ! On aimerait bien aller voir notre oncle Kaï. Sauriez-vous où nous pouvons le trouver ?

---

1. **s'est éventée :** a disparu au contact de l'air.

Le technicien s'immobilisa et sourit.
– Jolie tentative, mais vous ne vous faufilerez pas comme ça ! Il n'y a pas de Kaï sur ce tournage. Vous feriez mieux de rentrer chez vous, dit-il avant de disparaître, lui et son dérouleur, à l'intérieur d'une tente.

Mais même en rêve Antoine, Ben et Zoé n'auraient envisagé de rentrer à la maison. Ils n'étaient pas du genre à s'avouer vaincus aussi rapidement.

Quelques instants plus tard, le metteur en scène frappa dans ses mains.

– Dépêchons-nous : on n'a pas beaucoup de temps. Où est la caméra à l'épaule ? Rangez-moi ces câbles : ils n'ont rien à faire ici ! Je veux qu'on puisse tourner dans dix minutes, avant le coucher du soleil. Et mon comédien préféré, bon sang ! il est passé où ?

– Kaïto ? Aucune idée, lui répondit un assistant. les trois amis contournèrent les lieux.

– Kaïto…, murmura Ben. Il ne s'appelle pas du tout Kaï, mais Kaïto !

Et, tout à coup, ils le virent. Un Japonais, pas très grand et aux cheveux noirs comme le jais, déboula de derrière un arbre.

– J'arrive, j'arrive ! Pas de panique…

Comment Ben essaie-t-il de s'introduire sur le tournage ?

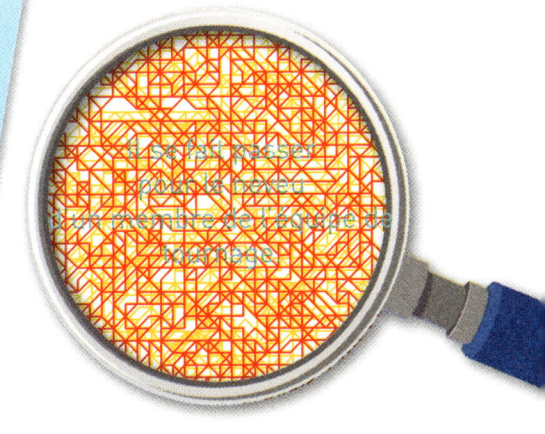

L'homme avait une barbe taillée en pointe. Il portait un pantalon très large qui ressemblait à une jupe et des sandales marron. À sa ceinture se balançait un long sabre recourbé : un *katana* !

– Je vous parie mon échiquier que c'est le sabre de M. Picard ! chuchota Antoine.

Ben grogna. L'échiquier de son cousin, il s'en fichait pas mal.

Zoé, quant à elle, sautillait d'un pied sur l'autre.

– Bon, qu'est-ce qu'on fait, maintenant ?

– Devine ! dit son frère en souriant.

Il plongea la main dans la poche de son jean et tripota sa pièce de monnaie en cuivre.

– Tenez-vous prêts à devenir invisibles. Attention : trois, deux, un… zéro ! souffla-t-il.

Antoine prit Watson sous son bras et fit tourner la clé dans la serrure du cadenas ; Zoé enfila la bague à un doigt de sa main droite ; et Ben lança sa pièce en l'air puis la rattrapa. Le pont, les gens, les caméras, tout se mit alors à tourner. Le sol se dérobait sous eux, et ils ne sentaient presque plus leurs bras et leurs jambes. D'abord légers comme des bulles de savon, ils étaient à présent devenus transparents !

Ni vus ni connus, les 4 Invisibles plongèrent sous le ruban rouge et blanc pour s'élancer ensuite vers le vieux pont. On entendit vaguement un chien gémir, mais personne n'y prêta attention.

Bientôt, Antoine, Ben et Zoé se trouvèrent face à Kaïto. Ils l'encerclèrent et, chacun leur tour, chuchotèrent à son oreille :

– La malédiction du samouraï s'est abattue sur toi…

– Tu as commis le mal !

– Tu as volé !

Les yeux écarquillés, Kaïto se retournait de tous les côtés. Ne voyant personne, il s'agrippa alors à son sabre. Puis, sans demander son reste, il fit volte-face et prit la fuite.

Question

Comment Ben comprend-il que le suspect s'appelle Kaïto ?

Il a déduit que le nom de l'avion sur la feuille était incomplet et qu'il lui manquait deux lettres : « ka » et « o ».

Chapitre 8

Fait comme un rat !

Malgré le sabre qui entravait sa course, Kaïto, contre toute attente, filait comme l'éclair. Il traversa la prairie au pas de charge, puis, aussi souple qu'un cheval, sauta par-dessus le grillage avant de gravir une petite colline. Ce n'est que lorsqu'ils commencèrent à grimper, eux aussi, que les 4 Invisibles parvinrent à se rapprocher du fugitif. Comme toujours, Ben était en tête, suivi de près par Zoé. Antoine était loin derrière, complètement hors d'haleine. Dès demain, il se mettrait sérieusement au sport, se jura-t-il. Et puis d'abord, pourquoi était-ce toujours lui qui devait porter Watson ?

Lorsqu'il arriva en dernier au sommet de la colline, il vit en contrebas une allée de graviers qui menait à un terrain de camping. Cinq caravanes y étaient disposées en cercle. Kaïto se dirigeait vers l'une d'elles. Antoine redoubla d'efforts et finit

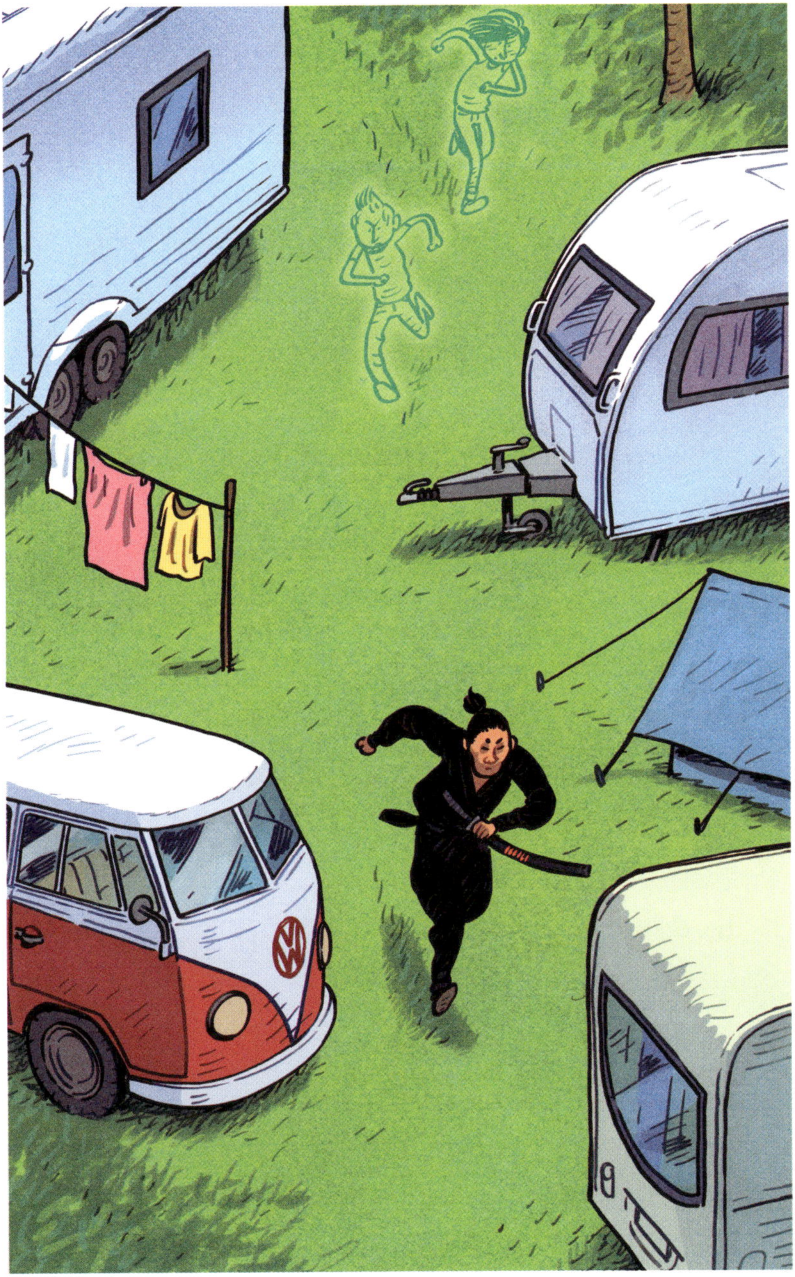

par rattraper ses cousins quelques mètres avant la caravane. Kaïto ouvrit la porte et s'engouffra à l'intérieur. Bam ! Celle-ci se referma aussi sec, et ils entendirent tourner une clé.

– Mince, dit Antoine en essuyant la sueur qui dégoulinait de son front. On n'a pas été assez rapides !

Zoé secoua la tête et sourit.

– Mais pas du tout ! Nous sommes arrivés juste à temps…

Tandis que les garçons la regardaient d'un air perplexe, Zoé désigna sa montre.

– Les sept minutes sont bientôt passées.

– Exact, confirma Ben. Je sens déjà des picotements.

Où le voleur s'est-il réfugié ?

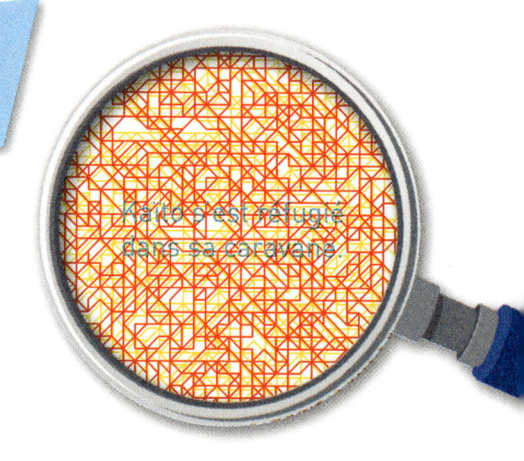

Antoine commençait à avoir des fourmis dans les jambes, lui aussi. Il s'en était probablement fallu de quelques secondes pour que Kaïto ne découvre leur secret si bien gardé, car sur la pelouse, devant la caravane, s'étiraient à nouveau quatre ombres blanches aux contours zébrés d'éclairs. Puis les ombres redevinrent colorées à mesure que les éclairs disparaissaient. Bientôt, Antoine, Ben, Zoé et Watson avaient retrouvé leur aspect habituel. Le fox-terrier sauta immédiatement à terre et partit en courant.

– Reviens ici ! s'écria Antoine, mais Watson se mit à gratter comme un fou à la porte de la caravane.

Il jappait, grognait et gémissait tout ce qu'il savait.

À l'intérieur, Kaïto tira précipitamment les rideaux. Les enfants eurent tout juste le temps d'apercevoir son visage livide[1] ; il ressemblait à tout sauf à un valeureux samouraï.

– On l'aura à l'usure, décréta Ben.

---

1. **livide :** très pâle.

Il fit signe à Antoine, et tous les deux se mirent à tambouriner contre la paroi extérieure de la caravane. Zoé sortit son appareil photo et déclencha le flash qui se mit à crépiter en rafale. Watson, quant à lui, aboyait de plus en plus fort et d'un ton de plus en plus furieux.

Kaïto ne tarda pas à passer la tête à travers la porte entrebâillée.

– Disparaissez, allez ouste ! cria-t-il en faisant tournoyer son sabre d'un air menaçant.

– Dans vos rêves ! répondit Antoine. Allez, Watson, attaque !

Le fox fonça sur Kaïto et le mordit au gros orteil.

– Aïïie ! hurla-t-il. Rappelle ton sale clebs tout de suite !

Antoine n'y pensait même pas.

– Avouez-le : c'est vous qui avez dérobé le *katana* !

– D'ailleurs, nous savons exactement où vous l'avez pris, renchérit Ben. Dans le magasin de M. Picard !

Ayant finalement réussi à se dégager de Watson, Kaïto éclata de rire.

– Ce sabre est à moi. Depuis toujours, il appartient à ma famille.

Zoé fixa le voleur droit dans les yeux.

– Vos empreintes digitales ont été relevées sur le sabre. Ce sont sûrement les mêmes que celles qui se trouvent sur ce bout de papier, dit Antoine en tirant triomphalement le plan de tournage de sa poche.

– Mais… où… où est-ce que vous avez trouvé… ? Aïe ! s'écria Kaïto qui venait à nouveau de se faire mordre par Watson.

Tout à coup, ils entendirent une sirène de police. Dans l'allée, juste derrière la caravane, les gravillons crissèrent. Deux agents et M. Picard sortirent d'une voiture aux fenêtres grandes ouvertes. Les policiers, dont l'un brandissait une paire de menottes, se précipitèrent sur Kaïto.

— Bien joué, monsieur Picard ! Les aboiements du chien nous ont mis sur la bonne piste, dit l'un des agents.

C'en était trop pour Kaïto.

— Okay, je me rends ! Oui, c'est moi qui ai pris le sabre, mais je voulais juste l'emprunter. Le mien n'avait pas l'air assez authentique pour le film.

Antoine, Ben et Zoé se mirent à rire.

— Cette histoire, vous pourrez la raconter à votre grand-mère au Japon, dit Antoine.

Ensuite, tout s'enchaîna très vite. Les agents confisquèrent le sabre, récupérèrent les preuves, comparèrent les empreintes, puis emmenèrent le voleur à leur auto. Antoine dut attacher Watson à sa laisse pour l'empêcher de griffer la carrosserie de la belle voiture de police.

— Vous nous accompagnez au commissariat, monsieur Picard ? demanda l'un des policiers.

— Oui, j'arrive tout de suite, répondit ce dernier.

Puis il pointa un index accusateur vers Antoine, Ben et Zoé.

— Tout cela aurait pu très mal se terminer… Je me suis fait un sang d'encre, moi !

Antoine caressa la tête du fox-terrier.

– C'était pas la peine. Watson nous a protégés.

M. Picard esquissa un sourire.

– Je reconnais que vous avez là un sacré chien policier. Mais savez-vous ce qui vous manque encore ? Une grosse loupe ! J'en ai une formidable dans ma boutique. Je vous l'offre, en guise de récompense.

– Cool ! s'exclamèrent Antoine, Ben et Zoé.

Puis les 4 Invisibles retournèrent au vieux pont. Ils arrivèrent pile au moment où un guerrier samouraï s'apprêtait à plonger tête la première dans le fleuve.

Question

Que signifie le fait que les enfants ressentent des picotements dans les jambes ?

Conseils de pro
pour ton club de détectives

Relever des empreintes digitales

Un kit à empreintes digitales contient :

– un pinceau fin, si possible en poil de martre ;

– de la poudre de suie ;

– du papier spécial (film transparent et adhésif) ;

– une pincette et des gants en caoutchouc (pour ne pas essuyer les empreintes) ;

– un encreur (pour relever les empreintes digitales de personnes suspectes) ;

– un fichier d'identification (ou un cahier dans lequel tu réuniras toutes les empreintes relevées et annotées).

Mode d'emploi

- Prends le pinceau en poil de martre, trempe-le dans la poudre de suie et recouvres-en l'empreinte. Une partie de la poudre adhérera aux particules de gras et de sueur laissées par le doigt.

- Élimine la poudre qui reste en soufflant dessus.

- Ensuite, recouvre le tout de film adhésif puis arrache-le. Les particules de suie restent fixées sur le film, et tu obtiens ainsi une copie de ton relevé.

- Il ne te reste plus qu'à coller ce précieux document sur du carton blanc ou sur une fiche d'identification.

- Enfin, note juste à côté l'endroit où tu as relevé l'empreinte originelle. Et voilà, le tour est joué !

Achevé d'imprimer par G. Canale & C. S.p.A. - Italie
Dépôt légal : Mars 2014 - Edition : 01
17/0106/9